"반가운 책. 아이들뿐 아니라, 아이들을 도와 악순환을 끝낼 수 있도록
 교육자, 부모, 아이들을 돌보는 모든 어른에게 꼭 필요한 책."
− 바바라 콜로로소, 베스트셀러 ≪따돌리는 아이, 따돌림당하는 아이, 지켜보는 아이≫의 저자

"나는 이 시리즈가 참 좋다. 아이들은 등장인물들에게 감정을 이입하고,
 따돌림을 멈출 수 있는 자신의 힘을 깨닫게 될 것이다."
− 미셸 보바 박사, 국제적인 어린이 전문가이자 ≪부모 역할 해결≫의 저자

"아이들이 실제로 겪을 법한 문제를 잘 묘사하였고, 각 권의 주인공은 믿을 만한
 해결 방법을 찾아가고 있다. 이 시리즈는 모든 학교 도서관에 비치될 법하다."
− 커쿠스 www.kirkusreviews.com

"이 책들은 낱권으로도 좋지만, 함께 활용하면 훨씬 효과적인 시리즈다.
 등장인물들의 감정과 그들에게 영향을 주는 외부 사건들에 대해 다양한 관점으로 볼 수 있기 때문이다."
− 스쿨라이브러리 저널 www.slj.com

"아이들의 토론을 이끌어 내는 책."
− 북리스트 www.booklistonline.com

"이 책은 소설과 실용서의 합이라고 할 만큼 앞부분의 소설은
 아이들이 감각으로 이해하기 충분하고, 뒷부분의 지침은 아이들에게
 이성적인 판단을 주기 충분하다. 최근 학교 폭력이 더욱 교묘해져서
 아이들이 티 나지 않게 괴롭힘당하는 경우가 많은데, 우리 아이를 보다
 행복하게 양육시키고자 한다면 이 책을 읽고 난 후, 꼭 실행해 보았으면 한다."
− 푸른나무 청예단 www.jikim.net

참 이상하다 시리즈 ❸

난
터프해!

글 **에린 프랭클**
그림 **파울라 히피**
번역 **양승현**

참 이상하다 시리즈 ❸ **난 터프해!**

글 에린 프랭클 | **그림** 파울라 히피 | **번역** 양승현

1판 1쇄 2015년 8월 17일 | **1판 3쇄** 2023년 3월 2일
펴낸이 김준성
펴낸곳 키움 (경기도 파주시 회동길 325-16)
등록 2003.6.10(제18-144호) | **전화** 02-887-3271,2 | **팩스** 031-941-3273
ISBN 978-89-6274-370-8 | 978-89-6274-371-5(세트)

Copyright ⓒ2015 by Kiwoom Publishing Co.
Original edition published in 2012 by Free Spirit Publishing Inc., Minneapolis, Minnesota, U.S.A., http://www.freespirit.com under the title *Tough!*
All rights reserved under International and Pan-American Copyright Conventions.

이 책의 한국어판 저작권은 Icarias Agency를 통해 Free Spirit Publishing Inc.,과 독점 계약한 도서출판 키움에 있습니다.
저작권법에 의하여 한국 내에서 보호를 받는 저작물이므로 무단전재와 복제를 금합니다.

※잘못된 상품은 구입하신 서점에서 교환하실 수 있습니다.

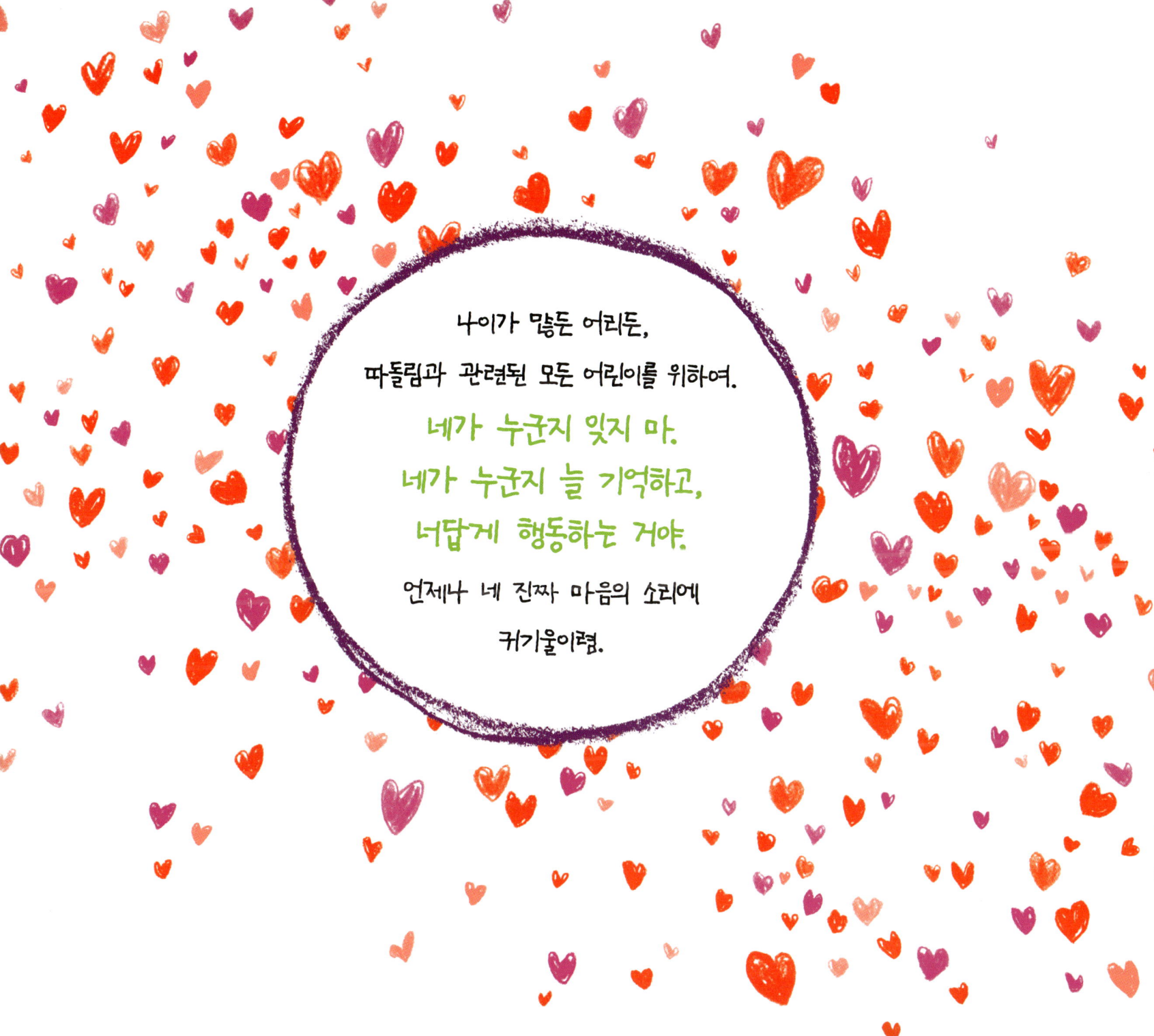

왜 그렇게 나를 빤히 보는 거야?
혹시 **내가 이상한 애로 보이니?**
천만에! 난 아냐.
내 이름은 샘이야. **난 좀,**

터프하지!

루이자는 하는 것도 **이상하고,**

말하는 것도 **이상해.**

"께파싸, 루이사?"
(스페인 어로
"무슨 일 있니, 루이자?"라는 뜻.)

"나다."
(스페인 어로
"아뇨"라는 뜻.)

누가 말해 주지 않으면,
자기가 얼마나 이상한지도 모를걸?
그래서 내가 말해 주는 거야.
난 터프하니까!

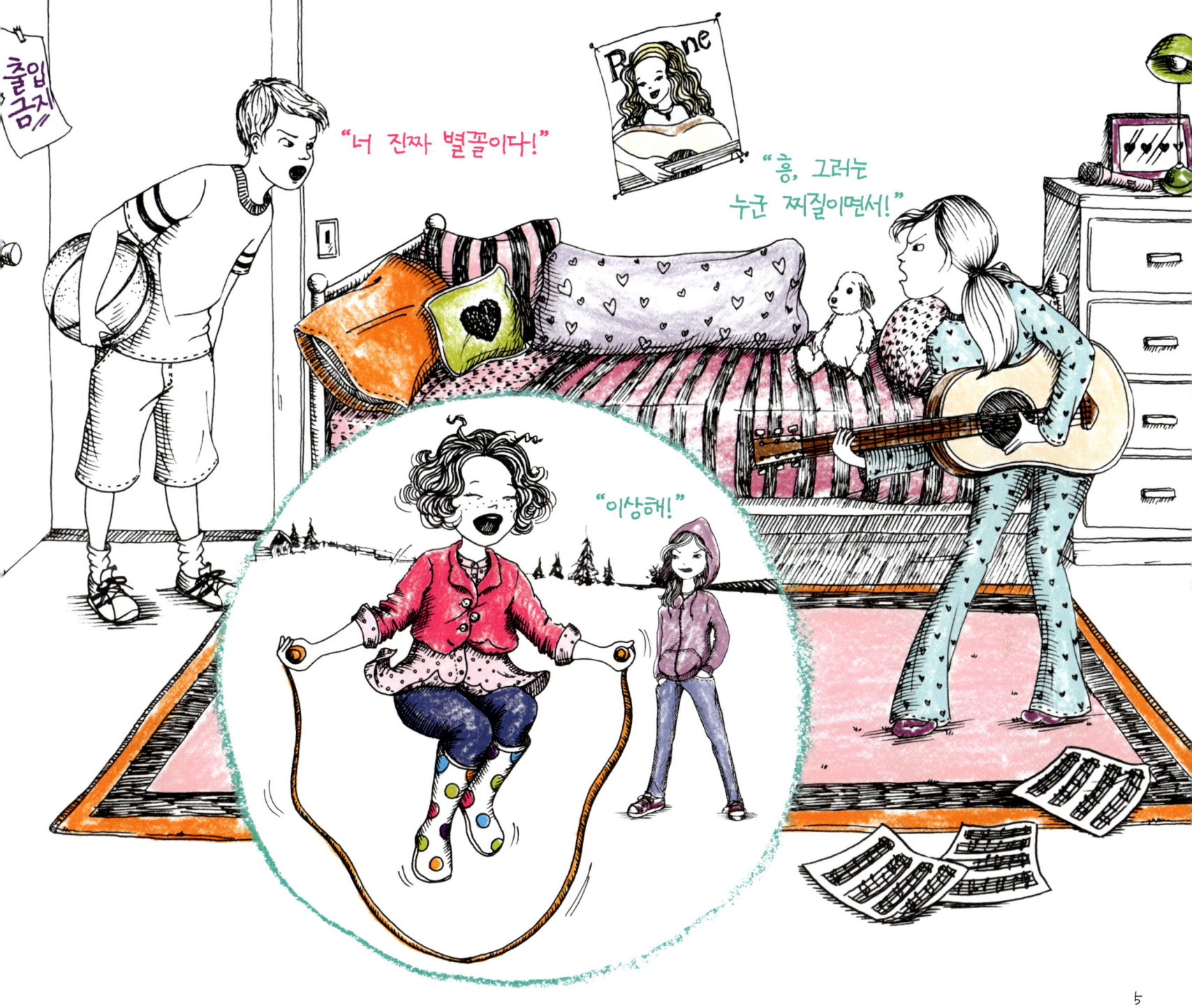

다들 자기가 하고 싶은 대로 한다면
어떻게 되겠어?
다 엉망진창이 되겠지.
내 말이 맞아. 난 다 안다고.

"그만해!
그거 돌려줘!"

내 스타일을 좋아하지 않는 사람이 있다면,
그것 참 안됐네!

여기선 누구든지 내 말을 따라야 하거든. **아무도 감히** 싫다고는 못하지.

"야, 제일라, 루이자한테 가서 장화 이상하다고 말해."

그러니까 내가 루이자한테 좀 센 척하면 어때?

내가 보기에 루이자는 너무 편하게 살고 있어.

언제나 친구들과 같이 있고,

언제나 웃고 있잖아.

물론 지금은 썩 웃을 말이 없어 보이지만 말야, 큭큭.

그런데 사실, 나도 이젠 웃을 일이 별로 없어.
자꾸 귀찮은 일들이 생기거든. **애들이 내 말을 안 듣지 뭐야.**

루이자 기분이 어떨 것 같으냐고?

그것 참 어려운 질문이네.
난 남들 기분은 생각하지 않으려고 하거든.

나는 못되게 구는 게 아니야.
난 그냥,

터프한 것
뿐이라고!

난 언제나 **터프해 보이고 싶어.**

그래야 애들이 나한테 못 까불지.

그런데 애들은
내가 못됐다고만
생각하는 걸까?

물론, 너는 언제든지 괴롭힐 아이를 또 찾을 수 있어.
내가 진짜
원한다면 말이지.

하지만 그것보단 친구를 갖는 게 훨씬 기분 좋더라고.

나는 진짜 **놀라운 걸** 알아냈어.

내가 사람들에게 마음 쓰는 걸 보여 주면 말이야,

그게 아주 조금이라도 말이지,

사람들도 나에게 마음 써 주었어.

그래서 이제는 끝낼 거야.

한 척!

하는 거 말이야.

샘의 노트

행동을 바꾸는 건 어려운 일이야.
하지만 매일 못되게 구는 건 더 힘들더라고. 내가 몇 가지 배운 점이 있어.

+ **다**른 사람들에게 화풀이하고 나면 더 화가 날 뿐이야.

+ **누**군가 나를 도와주기 전까지, 나는 절대로 바뀔 수 없을 거라고 생각했어.

+ **내** 행동을 바꾸지 않는다면,
  나는 나 자신과 다른 사람들에게 계속 상처를 주고 말 거야.

+ **사**람들에게 기회를 주는 건 사람들과 어울려 지내는 좋은 방법이야.
  게다가 멋져 보이기도 하지.

+ **진**짜 친구를 갖는 건 센 척하는 것보다 훨씬 기분 좋아.

루이자의 노트

샘이 전에 하던 행동을 그만둬서 기뻐. 누가 뭐라 해도 난 이상하지 않아.
내가 따돌림당할 때 배운 점이 몇 가지 있어.

+ **모**두 힘을 모아 도와준다면, 상황은 훨씬 좋아질 수 있어.
+ **괴**롭힘당하는 사람이라면 누구나 자기 편이 필요해.
+ **모**든 사람은 친절한 대접을 받을 권리가 있어. 샘도 마찬가지고.
+ **샘**은 아무도 자기의 행동을 좋아하지 않는다는 걸 깨닫자, 바꾸기 시작했어.
+ **다**른 사람을 존중하지 않는 것은 자기 자신도 존중하지 않는 거야.

제일라의 노트

내가 나 자신과 루이자를 지키지 못했을 때 상황은 점점 나빠졌어.
이제 나는 내가 한 행동에 만족해. 내가 확실히 알게 된 게 몇 가지 있어.

+ **옳**은 행동을 하겠다고 결정하는 데에는 용기가 필요했어.
+ **누**군가를 따돌릴 때 거들어 주는 것은, 사실 내가 따돌리는 것과 마찬가지야.
+ **루**이자에게 다가가서 친구가 되어 준 건 정말 잘한 일이야.
+ **따**돌림을 없애는 건 우리 모두의 책임이야. 우리 모두 도울 수 있는 힘이 있으니까.

샘의 친절 클럽에 들어와!

친구들한테 센 척한다고 해서, 내가 다른 사람들한테 받았던 상처까지 사라지진 않았어.
다들 나를 무서워하니 친구를 사귀지도 못했지.
하지만 다른 사람들을 배려하는 걸 보여 주었더니, 뭔가 좋은 일이 일어나기 시작했어.

내 악보에 있는 말들을 봐. 이 중에서 다른 사람들을 기분 좋게 할 말을 선택할 건데, 좀 도와줄래?
손가락들을 악보에 올리고, 내가 바른 코드를 연주하도록 예쁜 말들을 골라 줘.

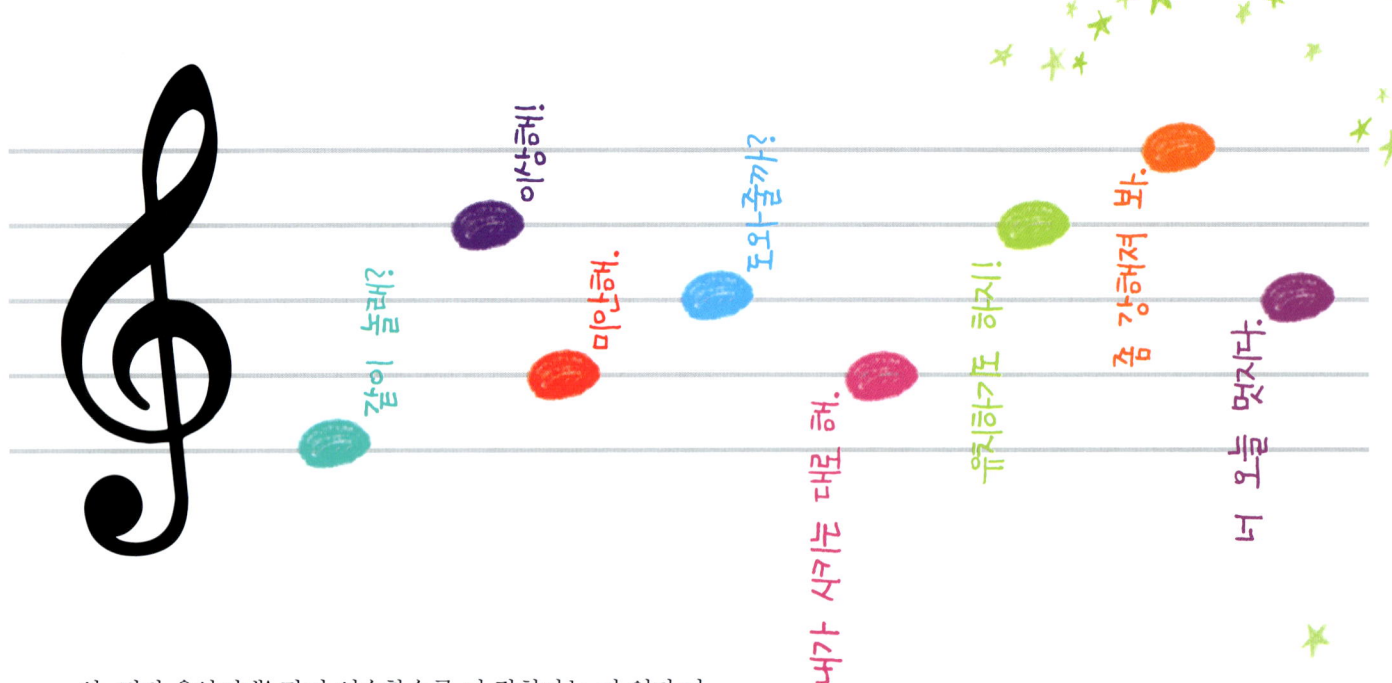

와, 멋진 음악이네! 많이 연습할수록 더 잘한다는 거 잊지 마.

 **이걸 그려 봐!**

내 말과 행동이 다른 사람들에게 어떤 영향을 줄까? 이걸 알아보기 위해 나는 내 생각을 써 보기로 했어.
선생님은 이 활동을 '되새겨 보기'라고 부르셨지.
내가 했던 행동을 차근차근 되짚어 보면 어떤 일이 벌어졌는지 알 수 있단다. 종이와 펜을 가지고 시작해 볼까?

1. 종이를 네 칸으로 나누고, 맨 위에 "이걸 그려 봐."라고 써.

2. 네 개의 칸에 각각 이런 질문들을 붙여. "내가 뭘 했지?", "무엇 때문에 그렇게 했지?", "내가 그렇게 했을 때 어떤 일이 일어났지?", "다른 사람에게 상처 주지 않고 내가 원하는 걸 어떻게 얻을 수 있지?"

3. 이 네 가지 질문을 생각하면서, 책을 다시 읽어 봐.

4. 포스터에 각 질문에 대한 답을 그림으로 그려 봐.

이 활동을 하고 나니까, 내가 따돌릴 때
어떤 일이 일어났는지 한눈에 볼 수 있어 좋았어.
네가 요즘 다른 사람들에게 한 행동이 걱정되니?
그럼 너도 한번 해 봐.
그리고 믿을 만한 사람과 이야기를 나눠 보렴.

친절 클럽 — 언제나 배려하기

전에는 아무도 내 기분 따위 신경 쓰지 않는다고 생각했기 때문에, 나도 다른 사람의 마음에 신경 쓰지 않으려 했어.
하지만 이제는 사람들이 진심으로 날 배려한다는 걸 알았고, 나도 그런 사람이 되고 싶어.
이젠 혼자 센 척하지 않고, 언제나 배려할 거야! 스티커로 기타 장식하는 것 좀 도와줄래?

1. 두꺼운 종이를 커다란 기타 모양으로 오려. 그리고 줄 6가닥을 테이프로 붙여서 기타 줄을 만들어.

2. 다른 종이에 하트 모양을 그리고 오려. 이것들을 스티커로 쓸 거야.

3. 각각 하트의 가운데에, 네가 배려할 때마다 어떤 일이 생기는지 써 봐.
   예 : 나더러 예의 바르대. 행복해졌어. 친구가 생겼어. 이제 외롭지 않아.

4. 테이프로 하트를 기타에 붙여.

5. 너의 새 기타를 연주하는 시늉을 해 봐. 아니면 네 방에 걸어도 좋아. 어떻게 만드는지 친구들에게 가르쳐 줘도 좋겠지?

친절 클럽에서 할 만한 활동들을 더 생각해 볼래?
그리고 친구들과 함께 해 봐. 누구나 친절한 사람은 싫어하기 어렵단다.

 부모, 교사, 그리고 아이들을 돌보는 어른들을 위한 지침

놀리기, 위협하기, 창피 주기, 얕잡아 보기, 비웃기, 나쁜 소문 내기, 인종 차별하기 등… 날마다 수많은 아이가 따돌림을 당하고, 더 많은 아이가 그 모습을 지켜봅니다. 특히 말로 하는 따돌림은 유치원 시절부터 시작되는데, 따돌리는 유형의 70퍼센트나 차지하지요. 이것은 신체적, 관계적, 온라인 따돌림 등 다른 형태의 공격으로 나아가는 징검다리가 되기도 합니다. 말로 하든 글로 쓰든, 상처 주는 말은 듣는 아이들의 자아 개념을 깎아 먹습니다. 두려움과 부끄러움을 느끼고 자신감을 잃게 하지요. 아이들을 돌보는 어른으로서, 우리는 어떻게 아이들이 스스로 안전하고 존중받는다고 느끼게 할까요? 어떻게 해야 아이들이 자신감을 가질까요? 또한 어떻게 따돌림을 일으킨 아이가 폭력의 악순환을 끝내고 자신을 자랑스럽게 여기도록 도울 수 있을까요?

친구를 따돌리는 아이에게 자신의 행동을 설명하게 하세요. 그리고 바람직한 행동을 따라 하거나 선택할 수 있도록 도와주세요.
따돌림을 당하는 아이에게는 긍정적인 생각과 자신감을 갖도록 실질적인 대처 방법을 알려 주세요.
따돌림을 보고만 있는 친구들에게는 따돌림당하는 아이들의 편에 서도록 안전하고 효율적인 방법을 알려 주세요. 《난 터프해!》와 같은 책은 아이들이 상대방의 관점에서 생각함으로써 따돌리는 행동을 막고 변화시키도록 도와줘요. 상대방에게 상처를 주면 자신도 상처받고, 반대로 친절은 친절을 낳는다는 것을 샘 같은 어린이에게 이해시켜 주지요. 아이들이 옳은 것을 따라 행동할 수 있도록 실제적인 방법들을 연구하고, 아이들의 노력을 뒷받침해 줄 믿음직한 환경을 만들어 주세요.

《난 터프해!》를 읽고 나서

《난 터프해!》는 비록 꾸며낸 이야기지만, 많은 아이가 처한 현실이기도 해요. 물론 실제 경험은 조금씩 다르겠지만요. 이 책을 읽고 나서, 아이들과 다음 활동들을 해 보세요. '왕따'에 대해 생각하고 이야기를 나누도록 말이에요. 이 책의 등장인물과 처한 상황을 연결하면 아이들이 이해하기 더 쉽겠지요? 즉, 샘은 따돌림을 일으키는 아이, 제일라는 따돌림의 방관자, 루이자는 따돌림의 대상이에요.

중요 사항 : 스마트폰과 컴퓨터 사용이 늘어나면서, 온라인 따돌림(사이버 따돌림)은 초등학생들 사이에서 실제적인 위협이 되고 있어요. 좀처럼 눈에 띄지 않기 때문에 가장 멈추기 어려운 따돌림 유형이기도 하지요. 아이들과 따돌림에 관해 이야기를 나눌 때, 사이버 따돌림에 대해서도 반드시 함께 이야기해 보세요.

1쪽 : 샘은 어떻게 자기를 소개하고 있나요? 샘이 자기를 소개하는 방식이 마음에 드나요?

2~3쪽 : 샘은 루이자에 대해 뭐라고 쓰거나 말했나요? 누군가 여러분에 대해 나쁘게 쓰거나 말하면 기분이 어떤가요?

4~7쪽 : 샘은 남을 따돌리는 것을 어떻게 연습했나요? 텔레비전이나 영화에서 따돌림을 본 적이 있나요? 어떤 기분이 들었나요? 샘과 오빠 알렉스와의 관계는 어떤 것 같나요? 그것이 학교에서 샘의 행동에 어떻게 영향을 주었을까요? (아이들이 다른 사람을 따돌리는 원인은 많아요. 그건 너무 복잡해서 가족 관계, 텔레비전이나 영화의 영향, 또래 친구들의 압력 등 한 가지 이유로 쉽게 설명할 순 없어요. 하지만 이 모든 것에 대해 아이들과 이야기 나누어 보면, 아이들은 따돌리는 행동에 영향을 주는 것들을 이해할 수 있지요.)

8~9쪽 : 왜 샘은 사람들이 좀 강해질 필요가 있다고 생각했나요? 다른 사람에게 나쁘게 말하거나 쓰는 것이 '단지 농담일 뿐'이라고 생각한 걸까요? 9쪽에서 다른 친구들이 에밀리(바이올린을 든 여자아이)를 괴롭힐 때 샘은 왜 끼어들었을까요? 누군가를 따돌릴 때 끼어들어야 한다는 압박감을 느낀 적이 있나요? 그래서 어떻게 했나요?

10~11쪽 : 11쪽에서 샘은 제일라에게 무얼 하라고 시켰나요? 제일라는 왜 샘이 시키는 걸 했을까요?

12~17쪽 : 샘은 자기가 루이자를 대하는 방식에 대해 어떻게 느꼈나요? 샘 주변에 어떤 변화가 일어났나요? 샘은 그 변화에 대해 어떤 생각을 했나요?

18~19쪽 : 여러분은 샘이 못됐다고 생각하나요? 샘은 다른 사람들이 자기를 못됐다고 생각하길 바라나요?

20~27쪽 : 샘이 행동을 바꾸도록 누가 도와줬나요? 샘이 긍정적으로 변한 걸 어떻게 보여 줬나요? 샘은 에밀리에 대해 무얼 깨달았나요?

28~31쪽 : 샘이 알아낸 건 무엇인가요? 샘이 다른 사람을 계속 따돌릴 것 같나요?

전체적으로 : ≪난 터프해!≫에 나온 등장인물 가운데 나와 가장 닮은 사람은 누구인가요? 왜 그런가요? 그 등장인물에게 하고 싶은 말이 있다면 무엇인가요?

《참 이상하다》 시리즈

《참 이상하다》 시리즈는 아이들이 따돌림에 대한 세 가지 관점을 탐험해 볼 수 있게 합니다. 즉 《내가 이상해?》에서는 따돌림의 대상이 된 아이, 《내가 어떻게!》에서는 따돌림을 지켜보는 아이, 《난 터프해》에서는 따돌림을 하는 아이의 관점이지요. 아이들이 따돌림에 대해 생각하고 토론할 수 있도록 각 책을 활용해 보세요.

시리즈 활동 — 연쇄 반응

각 이야기를 통해 어떻게 연쇄 반응이 일어나는지 이야기를 나눠 보아요. 먼저 부정적인 연쇄 반응의 예를 찾아보고, 다음엔 등장인물들이 좋은 선택을 할 때 시작된 긍정적 연쇄 반응을 찾아보아요. 예를 들어, 루이자가 물방울무늬 장화처럼 자신의 특별한 것들을 포기하자, 샘은 더욱 자신이 강하다고 느끼고 루이자를 계속 괴롭혔어요. 하지만 루이자가 자신 있게 행동하고 자기 모습을 되찾기로 하자, 샘은 자신의 힘이 줄었다고 생각하고 뒤로 물러서요. 이런 선택들을 단순한 말로 정리해서 종이에 써 보아요. 긍정적 연쇄 반응에서 선택의 예를 들어 볼까요? "자신 있게 행동하기." "친구가 되기." "선생님에게 알리기." "친절하게 말하기." 아이들이 긍정적 선택들을 연결하는 종이 사슬을 만들어 보게 하세요. 좋은 선택이 따돌림을 멈추는 연쇄 작용을 일으킨다는 걸 알게 하기 위해서죠. 만든 종이 사슬을 학교나 집에 매달아 놓아도 좋아요.

시리즈 활동 — "도와 달라고 말하기" 그림

자신뿐 아니라 다른 사람이 도움을 받아야 할 때 상황을 어른들에게 알리는 것은 아이들이 할 수 있는 가장 중요한 일 중 하나예요. 이것에 대해 서로 이야기를 나눠 보세요. 세 책에서 등장인물들이 도움을 얻기 위해 어떻게 어른들에게 말했는지 예를 찾아보아요. 《난 터프해!》의 14쪽에서 제일라와 윌이 선생님에게 샘의 따돌림에 대해 말한 것처럼 말이에요. 아이들에게 이런 장면 중 하나를 그림으로 그리고, 그림 위에 "도와 달라고 말하기"라고 쓰게 해요. 이 그림을 반 친구들에게 보여 주면서, 말하는 것이 왜 도움이 되는지 이야기 나눠 보아요.

말하기와 고자질

아무도 고자질쟁이가 되고 싶진 않아.
하지만 코를 파는 것처럼 사소한 걸
고자질하는 것과 누군가 도움이 필요할 때
어른에게 말하는 것은 아주 달라.
만약 네가 따돌림당하고 있다면,
너도 누군가가
널 도와주길 바랄 거야.
그렇지?

 돌아가며 이야기 쓰기

소그룹으로 세 편의 이야기를 주요 등장인물들의 관점에서 다시 쓰게 해 보아요. 아이들이 서로 돌아가며 이야기를 덧붙여 이야기를 완성해요.

다음엔 무슨 일이?

《내가 이상해?》, 《내가 어떻게!》, 《난 터프해!》……. 다음엔 무슨 일이 생길까요? 다음 책에는 등장인물들에게 어떤 일이 일어날지 상상해 보아요. 주요 등장인물인 루이자, 제일라, 샘뿐 아니라 주변 인물인 에밀리, 토마스, 페트릭, 윌, 선생님, 샘의 오빠 알렉스도 모두 상상해 보세요. 그리고 각자의 책에 제목을 붙이고 이야기의 장면들을 그려 발표해 보아요.

작가와 화가에 대하여

작가 에린 프랭클은 영어 교육으로 석사 학위를 받았고, 가르치는 것과 글 쓰는 것을 무척 좋아해요. 알라바마에서 ESL(English as a Second Lanuage : 영어가 모국어가 아닌 아이들에게 영어를 가르치는 반) 아이들을 가르치다가, 남편 알바로와 세 딸(가브리엘라, 소피아, 켈시)과 함께 스페인의 마드리드로 이주했어요. 선생님은 따돌림당하는 게 어떤 기분인지 겪어 봐서 알기 때문에, 따돌림과 관련된 아이들에게 웃음을 되찾아 주고 싶어서 이야기를 썼어요. 선생님과, 선생님의 오랜 친구이자 화가인 파울라는, 모든 어린이는 안전하고 사랑받는다고 느끼며 자신감을 가져야 한다고 믿어요. 선생님은 틈날 때마다 강아지 벨리와 함께 산에 오르는 걸 좋아해요. 또한, 선생님의 고향인 뉴 저지의 메이스 랜딩에서 카약을 타는 것도 무척 좋아하지요.

화가 파울라 히피는 패션업계에서 패턴 디자이너로 일하고 있어요. 후후 불어서 만드는 유리 공예부터 신발 제작에 이르기까지 다양한 분야의 예술을 다 좋아하지만, 가장 좋아하는 건 그림 그리기랍니다. 선생님은 친구인 작가 에린이 어릴 적 따돌림당했던 이야기를 쓴 글을 보고 그림을 그리게 되었어요. 루이자의 모습을 종이에 옮기면서, 선생님은 인생의 진로가 결정되는 느낌이었지요. 뉴욕의 브루클린에 사는 선생님은 어린이들의 마음을 환히 밝혀 줄 작품을 그리고 싶답니다.